中华人民共和国行业推荐性标准

跨海钢箱梁桥大节段施工技术规程

Technical Specifications for Construction of Sea-crossing Steel Box Girder Bridge Assembled with Large Segments

JTG/T 3652—2022

主编单位：港珠澳大桥管理局
批准部门：中华人民共和国交通运输部
实施日期：2022 年 11 月 01 日

人民交通出版社股份有限公司
北　京

律师声明

本书所有文字、数据、图像、版式设计、插图等均受中华人民共和国宪法和著作权法保护。未经人民交通出版社股份有限公司同意，任何单位、组织、个人不得以任何方式对本作品进行全部或局部的复制、转载、出版或变相出版。

本书封面贴有配数字资源的正版图书二维码，扉页前加印有人民交通出版社股份有限公司专用防伪纸。任何侵犯本书权益的行为，人民交通出版社股份有限公司将依法追究其法律责任。

有奖举报电话：(010) 85285150

北京市星河律师事务所
2020 年 6 月 30 日

图书在版编目（CIP）数据

跨海钢箱梁桥大节段施工技术规程：JTG/T 3652—2022 / 港珠澳大桥管理局主编. — 北京：人民交通出版社股份有限公司, 2022.6
ISBN 978-7-114-18075-0

Ⅰ.①跨… Ⅱ.①港… Ⅲ.①跨海峡桥—钢箱梁—桥梁架设—技术操作规程—中国 Ⅳ.①U448.195.46-65

中国版本图书馆 CIP 数据核字（2022）第 115098 号

标准类型：中华人民共和国行业推荐性标准
标准名称：跨海钢箱梁桥大节段施工技术规程
标准编号：JTG/T 3652—2022
主编单位：港珠澳大桥管理局
责任编辑：周佳楠
责任校对：赵媛媛
责任印制：刘高彤
出版发行：人民交通出版社股份有限公司
地　　址：(100011) 北京市朝阳区安定门外外馆斜街 3 号
网　　址：http://www.ccpcl.com.cn
销售电话：(010) 59757973
总 经 销：人民交通出版社股份有限公司发行部
经　　销：各地新华书店
印　　刷：北京市密东印刷有限公司
开　　本：880×1230　1/16
印　　张：2
字　　数：44 千
版　　次：2022 年 7 月　第 1 版
印　　次：2022 年 7 月　第 1 次印刷
书　　号：ISBN 978-7-114-18075-0
定　　价：30.00 元

(有印刷、装订质量问题的图书，由本公司负责调换)

# 中华人民共和国交通运输部

公　告

第 36 号

交通运输部关于发布《跨海钢箱梁桥大节段施工技术规程》的公告

现发布《跨海钢箱梁桥大节段施工技术规程》（JTG/T 3652—2022），作为公路工程行业推荐性标准，自 2022 年 11 月 1 日起施行。

《跨海钢箱梁桥大节段施工技术规程》（JTG/T 3652—2022）的管理权和解释权归交通运输部，日常解释和管理工作由主编单位港珠澳大桥管理局负责。

请各有关单位注意在实践中总结经验，及时将发现的问题和修改建议函告港珠澳大桥管理局（地址：广东省珠海市香洲区南屏镇横龙路 368 号，邮政编码：519060），以便修订时研用。

特此公告。

中华人民共和国交通运输部
2022 年 6 月 28 日

交通运输部办公厅　　　　　　　　　　　　　　　2022 年 7 月 4 日印发

前　言

根据《交通运输部关于下达 2020 年度公路工程行业标准制修订项目计划的通知》（交公路函〔2020〕471 号）的要求，由港珠澳大桥管理局作为主编单位承担《跨海钢箱梁桥大节段施工技术规程》的制定工作。

本规程贯彻执行国家和交通运输部的有关技术政策，系统总结港珠澳大桥等国内跨海钢箱梁桥大节段施工方面的科研成果以及实践经验，吸纳其中成熟的技术和工艺；体现钢箱梁大节段施工技术、工艺的成熟性，突出钢箱梁大节段施工的标准化、工厂化、装配化、数字化等要求；明确跨海钢箱梁桥大节段施工中应遵守的准则和要求；借鉴国内外先进的技术标准，注意与相关的标准协调配套。本规程对提高国内跨海钢结构桥梁施工技术水平具有推动作用。

本规程包括 9 章，分别是：1 总则，2 术语，3 基本规定，4 工厂制造，5 运输，6 桥位吊装，7 桥位连接，8 支承体系转换，9 安装质量控制。

本规程由景强负责起草第 1 章，苏权科、郑清刚负责起草第 2 章，景强、汪劲丰负责起草第 3 章，王东晖、阮家顺、郑清刚负责起草第 4 章，张劲文、余立志负责起草第 5 章，陈春雷、荣国城负责起草第 6 章，陈春雷、罗扣负责起草第 7 章，汪劲丰、张强、景强负责起草第 8 章，景强、汪劲丰负责起草第 9 章。

请各有关单位在执行过程中，将发现的问题和意见，函告本规程日常管理组，联系人：景强（地址：广东省珠海市香洲区南屏镇横龙路 368 号，邮编：519060；电话：0756-2191980，传真：0756-3292000；电子邮箱：jq@hzmbo.com），以便修订时参考。

主 编 单 位：港珠澳大桥管理局
参 编 单 位：浙江大学
　　　　　　中铁大桥勘测设计院集团有限公司
　　　　　　保利长大工程有限公司
　　　　　　武船重型工程股份有限公司
主　　　　编：景强
主要参编人员：汪劲丰　王东晖　陈春雷　张劲文　张强　余立志
　　　　　　苏权科　罗扣　郑清刚　阮家顺　荣国城

主　　　审：薛光雄

参与审查人员：王　太　于　光　陈　冉　邵长宇　张志新　宋一凡
　　　　　　　方明山　文　锋　胡广瑞　李军平　张光桥　刘沐宇
　　　　　　　马立芬　陈　红　宋神友　杨如刚　姚志安　程志虎
　　　　　　　陶建山　李宗哲

参 加 人 员：李书亮　闫　禹　麦权想

目　次

1 总则 … 1
2 术语 … 2
3 基本规定 … 3
4 工厂制造 … 5
　4.1 一般规定 … 5
　4.2 制造场地及设施要求 … 6
　4.3 大节段总拼 … 7
　4.4 厂内转运 … 9
　4.5 临时存放 … 9
5 运输 … 10
　5.1 一般规定 … 10
　5.2 运架分离式运输 … 10
　5.3 运架一体式运输 … 11
6 桥位吊装 … 12
　6.1 一般规定 … 12
　6.2 吊装辅助结构设置 … 13
　6.3 大节段吊装 … 13
7 桥位连接 … 14
　7.1 一般规定 … 14
　7.2 调梁 … 14
　7.3 桥位连接 … 15
　7.4 现场涂装 … 16
8 支承体系转换 … 17
　8.1 一般规定 … 17
　8.2 钢箱梁就位方式 … 17
　8.3 支座安装与预偏 … 18
9 安装质量控制 … 19
　9.1 一般规定 … 19
　9.2 线形控制 … 20
　9.3 内力与变形控制 … 20
本规程用词用语说明 … 22

1 总则

1.0.1 为满足跨海钢箱梁桥建设的需要，保证钢箱梁大节段工厂制造、运输、桥位安装的安全和质量，制定本规程。

1.0.2 本规程适用于跨海钢箱梁桥大节段施工。

1.0.3 钢箱梁大节段施工应符合设计文件的规定，并应满足安全、耐久、环保和绿色低碳的要求。

1.0.4 钢箱梁大节段施工宜推行标准化、工厂化、装配化和数字化，并应积极推广使用可靠的新材料、新设备、新技术和新工艺。

1.0.5 钢箱梁大节段施工应按现行法律法规要求，建立专项安全生产和质量管理体系，保障施工人员的职业健康，保证施工安全和质量。

1.0.6 钢箱梁大节段施工除应符合本规程的规定外，尚应符合国家和行业现行有关标准的规定。

2 术语

2.0.1 钢箱梁大节段 large-segment steel box girder
由两个及两个以上设计小节段组拼成的长度不小于50m的钢箱梁。

2.0.2 温度效应 temperature effect
施工过程中钢箱梁实际温度与设计基准温度的温差对钢箱梁几何状态、应力状态产生的变化效应。

2.0.3 支座预偏 bearing offsetting
为抵消施工温度与设计基准温度的温差及后续施工等产生的支座滑移,在支座安装前对支座上承板相对于下承板进行反向偏移设置的过程。

2.0.4 调梁 steel box girder adjusting
钢箱梁大节段吊装后,在环缝连接前对其平面位置和高程进行调整匹配的过程。

2.0.5 钢箱梁就位 steel box girder locating
钢箱梁由临时支座支承转换为永久支座支承的过程。

2.0.6 大节段总拼 large segments assembling
在安装施工前,为保证钢箱梁大节段的制造和安装精度,在工厂内将钢箱梁小节段组拼成大节段的过程。

3 基本规定

3.0.1 钢箱梁大节段施工宜划分为工厂制造、运输、桥位安装等环节。施工前应编制施工组织设计和专项施工方案，并应与各分部分项工程专项施工方案协调一致。

条文说明

桥位安装一般包括桥位吊装、桥位连接和支承体系转换等工序。专项施工方案的编制需满足施工组织设计中质量、安全、进度、成本、环保及文明施工的要求，并考虑施工方法比选、施工工艺流程、风险识别及对策、应急预案等因素及要求，与相关的分部分项工程专项施工方案等协调一致。

3.0.2 钢箱梁大节段施工应实行首件工程认可制度。

条文说明

首件工程施工通常需要对制造、运输及桥位安装等施工的工艺标准、资源配置、工效、安全生产与质量进行验证，形成标准化作业程序。

3.0.3 钢箱梁大节段施工应对采用的支撑结构、吊具结构等临时设施进行专门的设计和验算，必要时应进行试验加载验证。

3.0.4 钢箱梁大节段制造和安装宜采用自动化组装、焊接和涂装机器人、大型起重船等先进工艺及装备。

3.0.5 在厂内转运、存梁、运输及安装起吊阶段，应对钢箱梁大节段进行结构受力验算，并应考虑温度效应，评估其局部受力和稳定。

3.0.6 钢箱梁大节段焊接施工和栓接施工的技术要求及焊接检验应符合现行《公路桥涵施工技术规范》（JTG/T 3650）和《公路钢结构桥梁制造和安装施工规范》（JTG/T 3651）的规定。

3.0.7 钢箱梁大节段安全施工和环境保护要求应符合现行《公路桥涵施工技术规

范》（JTG/T 3650）的规定。

3.0.8 钢箱梁大节段施工全过程应进行施工监控。

条文说明

　　钢箱梁大节段施工过程中涉及土建和钢箱梁制造单位，其中土建施工和钢箱梁制造加工均有相应的控制标准，为更好地控制上部结构和下部结构的协调统一，需对施工全过程进行模拟计算、现场监测、误差识别与预测及反馈控制。通常对钢箱梁线形、施工过程典型工况不利位置、关键临时设施等进行监控，确保钢箱梁应力与变形符合要求。

3.0.9 在制造、转运、存放、运输及安装过程中，应对钢箱梁大节段采取成品保护措施，防止雨水侵入，并应对出现的漆膜破损、锈蚀或局部变形进行修复。

4 工厂制造

4.1 一般规定

4.1.1 钢箱梁大节段应在工厂按板单元制作、小节段组拼、大节段总拼的流程分阶段制造。

条文说明

钢箱梁大节段工厂制造总体工艺流程一般为：钢板预处理→下料→板单元制作→小节段组拼→小节段除锈、涂装→大节段总拼→补涂装→大节段存放。如条件允许，也可以直接进行大节段总拼后再进行涂装。

4.1.2 制造单位应采用三维建模技术对结构构造和制造工艺进行复核，必要时可考虑采用实体模型进行验证。

条文说明

通常采用三维几何可视化模型对节段交接面及钢箱梁支座上承板就位等复杂情况进行构造和工艺复核。

4.1.3 板单元制作应采用精密切割工艺下料，并严格控制焊接变形。

条文说明

为保障板单元制作精度和质量，板单元制作通常考虑采用高精度数控切割机进行下料、多头门式焊机和反变形船位焊接工艺进行焊接。

4.1.4 小节段组拼应采用长线法匹配制造，宜采用无工艺板或少工艺板组拼技术，并应采取有效措施控制焊接变形。

条文说明

焊接工艺、胎架线形、控制网设置、厂房配置等因素会影响钢箱梁制造精度，通常采用连续匹配制造的无工艺板或少工艺板（工艺板俗称马板）工艺能有效保证小节段间（如顶底板、腹板及U肋等接缝处构件）的匹配精度。通常通过优化焊接顺序、选用合理焊接参数等措施控制焊接变形。

4.1.5 涂装应符合设计文件和现行《公路钢结构桥梁制造和安装施工规范》（JTG/T 3651）的规定，并应满足职业健康及环保等相关法律法规的要求。

4.1.6 工厂制造时，应对钢箱梁大节段未涂装的桥位连接部位进行包装保护，避免出现锈蚀、损伤等情况。

4.1.7 钢箱梁大节段制造过程的允许偏差应符合现行《公路钢结构桥梁制造和安装施工规范》（JTG/T 3651）的规定。

4.1.8 钢箱梁大节段的纵向长度、横向坡度、竖向和平面线形、端面倾角和预留预埋件位置等制造参数应根据设计文件和施工监控要求确定，实施时应分解到下料、胎架及工装加工、组装、大节段总拼、桥位安装过程中。

条文说明

结构受力变形会影响钢箱梁大节段的纵向长度、横向坡度、竖向和平面线形、端面倾角和预留预埋件位置等指标，制造时需要修正。

4.1.9 小节段组拼和大节段总拼应在厂房内实施。

条文说明

钢箱梁直接暴露于阳光下时，顶、底板温差显著。这种情况下结构内将存在温度应力，影响成桥线形和受力状态。港珠澳大桥钢箱梁大节段施工的工程实践表明，钢箱梁在厂房内制造时，顶、底板温差能控制在2℃以内，不均匀温度梯度对钢箱梁线形和受力状态的影响程度较小，能满足工程精度要求。

4.2 制造场地及设施要求

4.2.1 应对厂房、出运码头、存放场地等进行总体规划。

4.2.2 钢箱梁大节段制造场地宜明确划分为板单元生产与存放区、小节段制作与预拼装区、小节段涂装区、大节段拼装与存放区、废料堆放区。各区应设置明确的标识，减少施工间的干扰。

4.2.3 工厂制造应提前规划钢箱梁小节段和大节段的合理转运路线。

4.2.4 对小节段组拼和存放的场地、大节段总拼和存放的场地，应控制不均匀沉降。对小节段涂装区和废料堆放区，应采取环保措施。

4.2.5 小节段组拼的胎架、小节段存放和大节段总拼的临时支墩应有足够的强度、刚度和稳定性以保证支墩与钢箱梁底部均匀受力，基础和地基应有足够的承载力。

4.3 大节段总拼

4.3.1 大节段总拼厂房内应设置测量控制网，并应定期对控制网进行复核。

4.3.2 大节段总拼支墩数量和位置应满足钢箱梁局部受力要求。应控制钢箱梁局部变形且支承点竖向位移不应大于3mm。

4.3.3 钢箱梁实际温度与设计基准温度不一致的情况下，进行钢箱梁定位或余量切割时应考虑该温差对钢箱梁长度的影响。

4.3.4 钢箱梁大节段成品主要尺寸的允许偏差应符合表4.3.4的规定，表中检查项目的基准值应符合本规程第9.2.1条的规定，检验仪器设备应符合本规程第9.1.2条的规定。

表4.3.4 钢箱梁大节段成品主要尺寸允许偏差

序号	检查项目		允许偏差	测量位置	简图
1	梁长 L (mm)		±20	以梁段两端顶板和底板检查线为基准，测梁段顶板长度 L_1、L_2 和底板长度 L_3、L_4	
2	梁高 (mm)	梁段中心处 H	±4	以梁底部为基准，测梁段端口中心处 H 及边高 H_1、H_2	
		边高 H_1、H_2			
3	梁段端面与顶面夹角 θ (弧度)		≤10/H 且 ≤ (15/H - α_0) (H 单位 mm；α_0，偏离施工前进方向取正值)	测梁段端口中心及两边处	

续上表

序号	检查项目		允许偏差	测量位置	简 图
4	梁宽 B 顶板宽 B_1 底板宽 B_2 （mm）	2 车道	±5	测梁段两端口处	—
		4 车道	±6		
		6 车道	±8		
		8 车道	±10		
5	腹板中心距（mm）		±4	测两端腹板中心距	—
6	横断面对角线差 $\lvert L_1 - L_2 \rvert$ （mm）		≤6	测端口断面	—
7	吊点位置 （mm）	横向中心距 S_1	±4	逐对检查，测左右吊点处	—
		纵向中心距 S_2	±2		
		两吊点纵向错位 Δ	±2		
		相对高差	≤5		
8	顶板 （mm）	四角（A、B、C、D）水平	±3	测顶板四角测点处	—
		四角不平（两端横隔板及支座隔板与外腹板交叉处）	≤5		
		相对高差	≤8		
		1/2 对角线差 $\lvert L_1 - L_2 \rvert$ $\lvert L_3 - L_4 \rvert$	≤8	测梁段顶板处	—
9	桥面横坡 i		±0.1%	测梁段断面，不少于3处	—
10	旁弯 f（mm）		$f \leq 3 + 0.1L$ 且 $f \leq 10$ （L 单位 m）	测梁段中心线和桥面中心线，不少于3处	—
11	梁段中心线错位（mm）		≤2	测梁段中心线和桥轴中心线，不少于3处	—
12	竖曲线或预拱度（mm）		+10，−5	测横隔板处桥面高程	—

续上表

序号	检查项目		允许偏差	测量位置	简　图
13	支座位置 （mm）	两端支座连接孔中心距	±20	测支座中心处	—
		支座连接孔中心与梁段近端口距离	±5	测单支座中心与梁段近端面处	—
		支座连接孔中心与梁段远端口距离	±15	测单支座中心与梁段远端面处	—

4.4　厂内转运

4.4.1　厂内转运前应编制转运方案，做好人员、转运设备和场地部署。

4.4.2　厂内转运可采用多轴多轮液压平板车或轮轨式运梁车等设备。转运时应确保承载吨位满足要求，并应采取可靠措施避免钢箱梁出现局部非弹性变形。

4.4.3　采用多台多轴多轮液压平板车进行转运时，应先对车辆的液压控制系统进行调试，并应由专人控制，确保所有车辆统一联动。

4.4.4　厂内转运时应按规划运输路线行驶，路面应平整，行驶速度应缓慢均匀。

4.5　临时存放

4.5.1　钢箱梁大节段工厂制造应根据现场安装要求存梁，确保钢箱梁生产进度与现场安装进度相匹配。

4.5.2　钢箱梁大节段临时存放时，应根据出运顺序有序排列，相邻梁段间的间距应满足梁段出运要求。

4.5.3　钢箱梁大节段临时存放时，临时支墩布置应满足钢箱梁大节段总体和局部受力要求，并考虑温度梯度引起的支点反力变化。应对临时支墩的数量和支承位置进行设计和验算。

5 运输

5.1 一般规定

5.1.1 海上运输应根据运输区域、运输距离、气象水文、钢箱梁结构、现有设备等条件，选择运架分离或运架一体的运输方式。

5.1.2 装船应编制专项方案及操作细则，并应选择在适合船舶安全作业的海况条件下进行。

5.1.3 海上运输应结合海况条件提前论证和规划运输路线，并应编制专项方案，报海事部门审批后实施。运输过程应由专人负责，并应遵守避碰规则及航运规定，采取有效措施预防航行安全事故。

5.1.4 出运前应准备好装船清单、经钢梁制造商和监理工程师确认的产品合格证。

条文说明

钢箱梁大节段制造与安装往往分属于不同单位，运输环节是不同单位间的交接界面。为保证有序交接，随梁发运附有的钢箱梁产品合格证内容包括（不限于）：钢箱梁大节段名称及编号、发运日期、钢箱梁大节段质量、几何尺寸、实测制造线形、临时施工设备等。

5.2 运架分离式运输

5.2.1 装船应符合下列规定：
1 装船方案应综合考虑结构特点、码头条件、厂内转运方式及装船设备等因素确定，可采用吊装上船或滚装上船等方案。
2 采用吊装上船方案时，应按要求对吊装系统进行试吊，对吊具、连接装置等进行检验，合格后方可用于钢箱梁大节段吊装。
3 采用滚装上船方案时，应控制上船过程中运输船的稳性。

条文说明

2 钢箱梁大节段试吊通常采用1.1倍荷载（代替件），对设备的起重能力及协同性、吊具和连接装置等可靠性进行检验。

5.2.2 系固与绑扎应符合下列规定：

1 应由具备相关资质的单位对运输过程中设置的临时支撑及运输船受力进行检算，并根据检算结果采取相应的补强措施，确保结构及船舶受力安全。

2 钢箱梁大节段临时支撑、系固与绑扎的位置应采取防护措施，避免出现表面损伤。

5.2.3 海上运输应符合下列规定：

1 运输船应具备足够的甲板空间，严禁将钢箱梁浸泡于水中运输，钢箱梁端部应进行包装封闭，防止海水溅入箱内。

2 运输船抵达桥址后，应协调好与起重船的位置，并应在指定位置锚泊，设置警示标识，等待吊装指令。

5.3 运架一体式运输

5.3.1 用于钢箱梁大节段装卸的平台应进行专门的设计和验算。

条文说明

装卸平台设计通常要考虑运输船形高、空载吃水深度、梁段尺寸等因素，满足装船要求。

5.3.2 应对运架一体系统进行试吊，对吊具系统及其他配套设施机械性能等进行检验，合格后方可用于钢箱梁大节段吊装。

条文说明

试吊通常采用1.1倍荷载进行多次起升和下降，检验最大起升高度、起升速度、起升上下限、液压泵工作压力等指标，检验起升系统和液压系统等在起升和下降过程中的工作性能。

5.3.3 钢箱梁大节段入夹固定后，应按要求完成梁体与船体的系固与绑扎。系固与绑扎的位置应采取防护措施，避免表面出现损伤。

5.3.4 运架船抵达桥址后，应在指定位置锚泊，设置警示标识，等待吊装指令。

6 桥位吊装

6.1 一般规定

6.1.1 钢箱梁大节段吊装前应进行现场勘察，确保吊装满足航空限高及水深要求，水深不足的应进行疏浚。

6.1.2 钢箱梁大节段吊装前应规划起重船与运输船在各工序下的相对位置关系，并制定统一指挥方案，由专人负责指挥。

6.1.3 钢箱梁大节段吊具系统应根据起重船结构形式和钢箱梁几何尺寸等参数进行专项设计。

6.1.4 钢箱梁大节段正式吊装前应进行吊装演练。

6.1.5 采用运架分离式运输方案的钢箱梁大节段，正式吊装前应进行试吊。

条文说明

通常在吊装的钢箱梁大节段上设置配重，试吊总重不少于梁重的1.1倍，采用多压少吊的方式进行试吊，试吊过程中钢箱梁保持不脱离运输船的状态。

6.1.6 钢箱梁大节段吊装应在6级风以下、适合船舶安全作业的海况及气象条件下进行。吊装作业宜在能见度较好的白天实施，并应准备好夜间照明设施。

条文说明

钢箱梁大节段吊装影响因素多，可能出现比较复杂的突发情况，吊装作业有可能会持续到夜间，因此要提前做好夜间连续吊装施工的应急准备。

6.1.7 在确保钢箱梁整体和局部受力安全的前提下，吊具可搁置于吊装后的钢箱梁上，但应对钢箱梁局部受力和线形状态改变进行评估，且不得污染和损伤梁面。有条件时宜设置专用的吊具存放平台。

6.2 吊装辅助结构设置

6.2.1 钢箱梁大节段吊装设置的吊点、搭接牛腿、墩顶临时支座、牵引设备用耳板等辅助结构，应进行专项设计并满足钢箱梁整体设计要求。

6.2.2 钢箱梁大节段所有吊点合力宜控制在整个梁段的重心处，吊点宜均匀、对称布置，单个吊点应设置在腹板与横隔板（横肋板）交接处。

6.2.3 钢箱梁大节段搭接牛腿支承点应设置在钢箱梁腹板与横隔板（横肋板）交接处。支承处应具备纵、横、竖三向调位功能及多支点同步移位功能，应采取有效措施保证搭接牛腿均匀受力。

6.2.4 钢箱梁大节段墩顶临时支座应设置在永久支座附近，满足调梁过程受力要求，并应具备纵、横、竖三向调位功能。

6.2.5 钢箱梁大节段吊装应对吊点、搭接牛腿和梁体的临时支座等部位进行局部加劲设置，并应在制造阶段安装完成。局部加劲设置方案应进行专项设计并满足钢箱梁整体设计要求。

条文说明

当钢箱梁内设置的局部加劲为永久结构的一部分时，加劲构造的材料要与梁体相同，并考虑评估设置加劲后对钢箱梁结构动力性能的影响。

6.3 大节段吊装

6.3.1 钢箱梁大节段起吊过程应采取分级加载至预定荷载，每级荷载持荷时间不应少于15min，待整个体系稳定后方可进入下一级加载工况。

6.3.2 钢箱梁大节段起吊后应保持均匀缓慢移动。

6.3.3 钢箱梁大节段起吊后应控制钢箱梁的空间姿态，必要时应设置配重调整吊心与重心的距离。

6.3.4 钢箱梁大节段起吊至桥墩上方后，宜通过墩顶和梁底设置的牵引设备将钢箱梁缓慢引导至临时支座上。

7 桥位连接

7.1 一般规定

7.1.1 钢箱梁大节段调梁定位和环缝连接应考虑气象条件和施工临时荷载对钢箱梁线形和应力状态的影响。

7.1.2 钢箱梁大节段调梁定位和环缝连接应采取环保措施，避免因液压设备漏油、环缝焊接和涂装施工等造成的环境污染。

7.1.3 钢箱梁大节段海上环缝连接和补涂应在依附于钢箱梁的施工作业平台上进行，并应采用专门防护设施，减小不利气象条件对环缝连接和涂装施工的影响。

7.1.4 钢箱梁大节段未形成整联结构之前，应控制梁上施工临时荷载的堆放，并应对施工临时荷载的大小和堆放位置进行规划及验算。

条文说明

钢箱梁大节段安装过程中，施工临时荷载会对最终成桥线形和应力状态造成影响，尤其是大节段环缝附近如施工作业平台、集装箱等的施工临时荷载，需要提前将上梁的临时荷载大小、作用位置及拆除时机等信息及时通报相关单位。施工临时荷载一经确定，后期尽量不要随意变动。

7.2 调梁

7.2.1 钢箱梁大节段调梁定位应在气温稳定且箱梁顶、底板温差小于2℃条件下进行。

条文说明

钢箱梁大节段对温度很敏感，整体升降温会引起梁长改变，温度梯度还会进一步影响钢箱梁竖向和横向线形。港珠澳大桥的工程实践表明，在气温稳定且箱梁顶、底板温差小于2℃条件下进行调梁定位，能够满足设计及施工精度要求。

7.2.2 钢箱梁大节段调梁完成后定位的允许偏差应符合表7.2.2的规定，表中检查项目的基准值应符合本规程第9.2.1条的规定，检验仪器设备应符合本规程第9.1.2条的规定。

表 7.2.2　钢箱梁大节段调梁完成后定位允许偏差

序号	检查项目		允许偏差	
1	轴线偏位（mm）	钢箱梁轴线	≤10	每大节段测3处
		相邻梁段中线相对偏位	≤5（伸缩装置处）	测各相邻横隔板，不少于3处
			≤2（环缝连接处）	测环缝两侧，不少于3处
2	高程（mm）	墩台处梁体高程	±5	测每墩台处梁体，不少于3处
		相邻梁段横隔板中线相对高差	≤5	测各相邻横隔板，不少于3处
		相邻梁段环缝四角相对高差	≤2	测环缝两端相邻顶板四角
3	支座中心偏位（mm）	固定支座处偏差（连续梁）	≤20	测每个支座
		活动支座处偏差（连续梁）	≤20（支座中心处） ≤5（预偏量偏差）	
		支座纵、横线扭转	≤1	
4	支座底板四角相对高差（mm）		≤3	测每个支座四角处

条文说明

本条参考《公路工程质量检验评定标准　第一册　土建工程》（JTG F80/1—2017）第8.9.2条制定，并增加墩台处梁体高程，相邻梁段环缝四角相对高差，活动支座处偏差，支座纵、横线扭转，支座底板四角相对高差的检查项目。

7.2.3 钢箱梁大节段调梁作业期间应对墩顶处钢箱梁平面位置和高程、环缝处相邻梁段中线和高程进行监测。

7.3　桥位连接

7.3.1 钢箱梁大节段环缝连接应在气温稳定且钢箱梁顶底板温差小于2℃条件下进行。

条文说明

为避免白天日照引起钢箱梁温度变形，环缝一般在夜间采用工艺板形式完成连接，在夜间温度稳定的情况下施焊。

7.3.2 钢箱梁大节段环缝连接宜采用磁力工艺板，也可采用焊接工艺板。当采用焊接工艺板时应对称布置。

7.3.3 钢箱梁大节段环缝焊接作业区相对湿度应小于80%，环境温度不宜低于5℃。

7.3.4 钢箱梁大节段环缝焊接应由中间向两端同步对称施焊，对环缝处采用焊接与高强度螺栓合用的连接，应先完成焊缝焊接，焊缝检验合格后再进行高强度螺栓连接。

7.4 现场涂装

7.4.1 钢箱梁大节段环缝涂装总体工艺应与工厂涂装一致，应采取措施避免环境对涂装作业的影响以及涂装作业引起的环境污染。

7.4.2 钢箱梁大节段环缝处的钢箱梁内涂装应设置通风装置。

7.4.3 环缝内涂装时应对周边涂层进行保护，环缝周边涂层应打磨出坡度，显示不同漆层的层面。

8 支承体系转换

8.1 一般规定

8.1.1 支承体系转换应在气象条件良好、气温稳定的条件下进行，并应根据钢箱梁实际温度和设计基准温度差设置支座预偏量。

8.1.2 桥位现场支座预偏量应通过预偏工装设置。

8.1.3 支座垫石预留孔设置应满足钢箱梁制造长度误差、安装精度累计误差调整的要求。

8.1.4 支承体系转换过程应进行力学效应分析，确保结构体系受力符合设计要求。

8.1.5 支承体系转换过程应采取环保措施，避免因液压设备漏油等造成环境污染。

8.2 钢箱梁就位方式

8.2.1 钢箱梁宜采用整联落梁的方式就位。

条文说明

采用整联落梁方式需要的施工工装数量较多，但对支座垫石预留孔施工前并不知道钢箱梁制造长度误差的情况，可以根据整联吊装后钢箱梁与支座垫石预留孔的匹配情况进行整联钢箱梁的移位，确保每个支座的就位满足施工误差要求。

8.2.2 各联结构形式相同时，非首联钢箱梁可采用隔跨或逐跨落梁的方式就位。

条文说明

钢箱梁大节段调梁工装有限且在本联钢箱梁安装前已有部分大节段制造完成的情况下，在综合评估钢箱梁安装精度后，可以考虑采用隔跨落梁方式。隔跨落梁与逐跨落梁能提高施工工装的周转效率，但需要在支座垫石施工前提前获得钢箱梁长度制造误差，再根据该误差适当调整支座垫石预留孔富余量，使二者相匹配。

8.3 支座安装与预偏

8.3.1 永久支座宜在制造工厂先与钢箱梁连接，随钢箱梁吊装就位后，再与支座垫石连接；亦可先安放在支座垫石上，待钢箱梁吊装就位后，再与钢箱梁连接。

8.3.2 支座预偏工装行程应满足预偏量设置要求，调节精度应达到毫米级。

8.3.3 支座预偏量应根据落梁工序、钢箱梁实际温度与设计基准温度差、后续结构体系转换和二期恒载产生的支座滑移等因素设置。

条文说明

钢箱梁就位时，若钢箱梁实际温度与设计基准温度不一致，需要考虑温度影响设置支座预偏量；此外，为抵消后续结构体系转换及二期恒载产生的支座上、下承板的相对位移，也需要设置支座预偏量。上述两项叠加计算得到总支座预偏量。

9 安装质量控制

9.1 一般规定

9.1.1 钢箱梁大节段施工前应编制专项施工监控方案，经专项论证后实施。

条文说明

钢箱梁大节段施工监控方案涵盖工厂制造、运输、桥位安装阶段，通常在工厂制造前完成编制。从工厂制造阶段开始，到安装完成和交工验收，均需要按照施工监控方案进行施工控制。施工监控方案的内容一般包括施工控制计算、施工监测、数据分析与反馈控制等。施工监控技术要求可以参考广东省地方标准《大节段钢箱梁施工监控技术规范》（DB44/T 2353—2022）。

9.1.2 用于钢箱梁大节段施工过程中的进行测量、试验、监测和检验的仪器设备，应采用经法定计量机构检定和校验合格的计量器具，其数量、规格和性能应满足测试精度和误差控制要求，并应在检定周期内使用。

9.1.3 钢箱梁大节段制造、运输和安装的质量检查记录、界面验收、施工监控等资料应完整齐全、真实有效，具有可追溯性。

条文说明

界面验收主要指不同单位间的交接情况，如：下部结构施工完成时土建、监理等单位对支座垫石顶面高程和平面位置进行确认，钢箱梁大节段出运前制造和监理等单位对随梁发运附有的产品合格证进行确认，钢箱梁大节段运至桥址吊装前土建、监理等单位对梁段的表观质量等进行检查，环缝焊接前安装、制造、监控等单位对焊接前的梁段匹配及是否满足焊接条件等情况进行确认，环缝焊接后土建、制造等单位对焊缝质量进行检验。

9.1.4 钢箱梁大节段从工厂制造到现场安装过程应进行温度效应控制。

9.2 线形控制

9.2.1 工厂制造阶段和桥位连接阶段各检查项目的基准值应由施工监控单位结合设计文件分析计算并考虑实际施工累积误差修正给出。

9.2.2 对钢箱梁大节段，应考虑预拱度确定纵断面制造线形，必要时设置横向预拱度。对平曲线上的钢箱梁，应考虑内、外弧长度差。

9.2.3 钢箱梁工厂制造时应考虑结构变形对大节段顶板与底板长度、支座上承板位置、端面倾角的影响，确定小节段板单元的下料参数；对设置合龙段的钢箱梁，梁端可预留配切余量。

条文说明

钢箱梁受力后发生变形，顶、底板长度会发生变化。由于底板连接支座上承板、顶板连接伸缩装置，因此顶、底板的长度变化会对支座安装和伸缩装置安装造成一定影响，在钢箱梁大节段顶板与底板长度、支座上承板的位置控制中进行修正。

9.2.4 应根据钢箱梁实际温度与设计基准温度差，对钢箱梁大节段总拼长度和小节段组拼长度进行修正。

9.2.5 安装线形控制应根据支座垫石顶面平面位置及高程复测结果，评估支座垫石预留孔位置与钢箱梁底板支座位置的匹配关系，对出现误差超范围的情况应采取措施进行调整。

条文说明

安装施工前需要对墩台、支座垫石等基础部位的轴线、高程及桥梁跨径进行测量，评估支座垫石预留孔位置和钢箱梁底板支座位置的匹配情况，并与待安装梁段的轴线、高程、尺寸等空间位置进行核对。安装完成后需要对当前梁段和已安装梁段的变形进行误差分析，对匹配误差超范围的情况，可以参考广东省地方标准《大节段钢箱梁施工监控技术规范》（DB44/T 2353—2022）中的相关规定。

9.3 内力与变形控制

9.3.1 钢箱梁大节段施工全过程中，应对典型工况下的不利位置进行应力和变形监控，确保钢箱梁符合设计和结构安全的要求。

9.3.2 钢箱梁大节段运输过程中,应对首段梁体的空间倾斜状态进行监测,其余梁段可根据需要进行监测。

9.3.3 钢箱梁大节段安装设置临时墩时,应对临时支承体系的内力和变形进行监测。

9.3.4 钢箱梁大节段吊装过程中,应对吊具系统进行实时监测。

本规程用词用语说明

1 为便于在执行本规程条文时区别对待，对要求严格程度不同的用词说明如下：

1）表示很严格，非这样做不可的用词：正面词采用"必须"，反面词采用"严禁"；

2）表示严格，在正常情况下均应这样做的用词：正面词采用"应"，反面词采用"不应"或"不得"；

3）表示允许稍有选择，在条件许可时首先这样做的用词：正面词采用"宜"，反面词采用"不宜"；

4）表示允许有选择，在一定条件下可以这样做的用词：采用"可"。

2 引用标准的用语采用下列写法：

1）在标准总则中表述与相关标准的关系时，采用"除应符合本规程的规定外，尚应符合国家和行业现行有关标准的规定"。

2）在标准条文及其他规定中，当引用的标准为国家标准和行业标准时，表述为"应符合《××××××》（×××）的有关规定"。

3）当引用本标准中的其他规定时，表述为"应符合本规程第×章的有关规定"、"应符合本规程第×.×节的有关规定"、"应符合本规程第×.×.×条的有关规定"或"应按本规程第×.×.×条的有关规定执行"。

现行公路工程行业标准一览表

(2022 年 7 月)

序号	板块	模块	现行编号	名　　称	定价(元)
1			JTG 1001—2017	公路工程标准体系(14300)	20.00
2	总体		JTG A02—2013	公路工程行业标准制修订管理导则(10544)	15.00
3			JTG A04—2013	公路工程标准编写导则(10538)	20.00
4			JTG B01—2014	公路工程技术标准(活页夹版,11814)	98.00
				公路工程技术标准(平装版,11829)	68.00
5			JTG 2111—2019	小交通量农村公路工程技术标准(15327)	50.00
6			JTG 2112—2021	城镇化地区公路工程技术标准(17752)	50.00
7		基础	JTJ 002—87	公路工程名词术语(0346)	22.00
8			JTJ 003—86	公路自然区划标准(0348)	16.00
9			JTG 2120—2020	公路工程结构可靠性设计统一标准(16532)	50.00
10			建标[2011]124 号	公路工程项目建设用地指标(09402)	36.00
11			JTG F80/1—2017	公路工程质量检验评定标准　第一册　土建工程(14472)	90.00
12			JTG 2182—2020	公路工程质量检验评定标准　第二册　机电工程(16987)	60.00
13	通用		JTG B05—2015	公路项目安全性评价规范(12806)	45.00
14			JTG B05-01—2013	公路护栏安全性能评价标准(10992)	30.00
15			JTG B02—2013	公路工程抗震规范(11120)	45.00
16		安全	JTG/T 2231-01—2020	公路桥梁抗震设计规范(16483)	80.00
17			JTG/T 2231-02—2021	公路桥梁抗震性能评价细则(16433)	40.00
18			JTG 2232—2019	公路隧道抗震设计规范(16131)	60.00
19			JTG F90—2015	公路工程施工安全技术规范(12138)	68.00
20			JTG B03—2006	公路建设项目环境影响评价规范(13373)	40.00
21		绿色	JTG B04—2010	公路环境保护设计规范(08473)	28.00
22			JTG/T 2321—2021	公路工程利用建筑垃圾技术规范(17536)	40.00
23			JTG/T 2340—2020	公路工程节能规范(16115)	30.00
24			JTG/T 2420—2021	公路工程信息模型应用统一标准(17181)	50.00
25		智慧	JTG/T 2421—2021	公路工程设计信息模型应用标准(17179)	80.00
26			JTG/T 2422—2021	公路工程施工信息模型应用标准(17180)	70.00
27			JTG C10—2007	公路勘测规范(06570)	40.00
28			JTG/T C10—2007	公路勘测细则(06572)	42.00
29			JTG C20—2011	公路工程地质勘察规范(09507)	65.00
30		勘测	JTG/T C21-01—2005	公路工程地质遥感勘察规范(0839)	17.00
31			JTG/T C21-02—2014	公路工程卫星图像测绘技术规程(11540)	25.00
32			JTG/T 3221-04—2022	公路跨海通道工程地质勘察规程(18076)	70.00
33			JTG/T 3222—2020	公路工程物探规程(16831)	60.00
34			JTG 3223—2021	公路工程地质原位测试规程(17325)	100.00
35			JTG C30—2015	公路工程水文勘测设计规范(12063)	70.00
36			JTG/T 3310—2019	公路工程混凝土结构耐久性设计规范(15635)	50.00
37			JTG/T 3311—2021	小交通量农村公路工程设计规范(17487)	60.00
38			JTG D20—2017	公路路线设计规范(14301)	80.00
39			JTG/T D21—2014	公路立体交叉设计细则(11761)	60.00
40			JTG D30—2015	公路路基设计规范(12147)	98.00
41			JTG/T D31—2008	沙漠地区公路设计与施工指南(1206)	32.00
42			JTG/T D31-02—2013	公路软土地基路堤设计与施工技术细则(10449)	40.00
43			JTG/T D31-03—2011	采空区公路设计与施工技术细则(09181)	40.00
44			JTG/T D31-04—2012	多年冻土地区公路设计与施工技术细则(10260)	40.00
45			JTG/T D31-05—2017	黄土地区公路路基设计与施工技术规范(13994)	50.00
46			JTG/T D31-06—2017	季节性冻土地区公路设计与施工技术规范(13981)	45.00
47			JTG/T D32—2012	公路土工合成材料应用技术规范(09908)	50.00
48	建设		JTG/T D33—2012	公路排水设计规范(10337)	40.00
49			JTG/T 3334—2018	公路滑坡防治设计规范(15178)	55.00
50			JTG D40—2011	公路水泥混凝土路面设计规范(09463)	40.00
51			JTG D50—2017	公路沥青路面设计规范(13760)	50.00
52		设计	JTG/T 3350-03—2020	排水沥青路面设计与施工技术规范(16651)	50.00
53			JTG D60—2015	公路桥涵设计通用规范(12506)	40.00
54			JTG/T 3360-01—2018	公路桥梁抗风设计规范(15231)	75.00
55			JTG/T 3360-02—2020	公路桥梁抗撞设计规范(16435)	40.00
56			JTG/T 3360-03—2018	公路桥梁景观设计规范(14540)	40.00
57			JTG D61—2005	公路圬工桥涵设计规范(13355)	30.00
58			JTG 3362—2018	公路钢筋混凝土及预应力混凝土桥涵设计规范(14951)	90.00
59			JTG 3363—2019	公路桥涵地基与基础设计规范(16223)	90.00
60			JTG D64—2015	公路钢结构桥梁设计规范(12507)	80.00
61			JTG/T D64-01—2015	公路钢混组合桥梁设计与施工规范(12682)	45.00
62			JTG/T 3364-02—2019	公路钢桥面铺装设计与施工技术规范(15637)	50.00
63			JTG/T 3365-01—2020	公路斜拉桥设计规范(16365)	50.00
64			JTG/T 3365-02—2020	公路涵洞设计规范(16583)	50.00
65			JTG/T D65-05—2015	公路悬索桥设计规范(12674)	55.00
66			JTG/T D65-06—2015	公路钢管混凝土拱桥设计规范(12514)	40.00
67			JTG/T 3365-05—2022	公路装配式混凝土桥梁设计规范(17885)	60.00
68			JTG 3370.1—2018	公路隧道设计规范　第一册　土建工程(14639)	110.00
69			JTG D70/2—2014	公路隧道设计规范　第二册　交通工程与附属设施(11543)	50.00

序号	板块	模块	现行编号	名称	定价(元)
70			JTG/T D70—2010	公路隧道设计细则(08478)	66.00
71			JTG/T D70/2-01—2014	公路隧道照明设计细则(11541)	35.00
72			JTG/T D70/2-02—2014	公路隧道通风设计细则(11546)	70.00
73			JTG/T 3371—2022	公路水下隧道设计规范(17889)	120.00
74			JTG/T 3371-01—2022	公路沉管隧道设计规范(18063)	70.00
75			JTG/T 3374—2020	公路瓦斯隧道设计与施工技术规范(16141)	60.00
76		设计	JTG D80—2006	高速公路交通工程及沿线设施设计通用规范(0998)	25.00
77			JTG D81—2017	公路交通安全设施设计规范(14395)	60.00
78			JTG/T D81—2017	公路交通安全设施设计细则(14396)	90.00
79			JTG/T 3381-02—2020	公路限速标志设计规范(16696)	40.00
80			JTG D82—2009	公路交通标志和标线设置规范(07947)	116.00
81			JTG/T 3383-01—2020	公路通信及电力管道设计规范(16686)	40.00
82			JTG/T L11—2014	高速公路改扩建设计细则(11998)	45.00
83			JTG/T L80—2014	高速公路改扩建交通工程与沿线设施设计细则(11999)	30.00
84			JTG/T 3392—2022	高速公路改扩建交通组织设计规范(17883)	50.00
85		通用图	JTG/T 3911—2021	装配化工字组合梁钢桥通用图(17771)	3000.00
86			JTG E20—2011	公路工程沥青及沥青混合料试验规程(09468)	106.00
87			JTG 3420—2020	公路工程水泥及水泥混凝土试验规程(16989)	100.00
88			JTG 3430—2020	公路土工试验规程(16828)	120.00
89		试验	JTG E41—2005	公路工程岩石试验规程(13351)	30.00
90			JTG E42—2005	公路工程集料试验规程(13353)	50.00
91			JTG E50—2006	公路工程土工合成材料试验规程(13398)	40.00
92			JTG E51—2009	公路工程无机结合料稳定材料试验规程(08046)	60.00
93	建设		JTG 3450—2019	公路路基路面现场测试规程(15830)	90.00
94		检测	JTG/T 3512—2020	公路工程基桩检测技术规程(16482)	60.00
95			JTG/T 3520—2021	公路机电工程测试规程(17414)	60.00
96			JTG/T 3610—2019	公路路基施工技术规范(15769)	80.00
97			JTG/T F20—2015	公路路面基层施工技术细则(12367)	45.00
98			JTG/T F30—2014	公路水泥混凝土路面施工技术细则(11244)	60.00
99			JTG F40—2004	公路沥青路面施工技术规范(05328)	50.00
100			JTG/T 3650—2020	公路桥涵施工技术规范(16434)	125.00
101		施工	JTG/T 3650-02—2019	特大跨径公路桥梁施工测量规范(15634)	80.00
102			JTG/T 3651—2022	公路钢结构桥梁制造和安装施工规范(17884)	80.00
103			JTG/T 3652—2022	跨海钢箱梁桥大节段施工技术规程(18075)	30.00
104			JTG/T 3660—2020	公路隧道施工技术规范(16488)	100.00
105			JTG/T 3671—2021	公路交通安全设施施工技术规范(17000)	50.00
106			JTG/T F72—2011	公路隧道交通工程与附属设施施工技术规范(09509)	35.00
107		监理	JTG G10—2016	公路工程施工监理规范(13275)	40.00
108			JTG 3810—2017	公路工程建设项目造价文件管理导则(14473)	50.00
109			JTG/T 3811—2020	公路工程施工定额测定与编制规程(16083)	60.00
110			JTG/T 3812—2020	公路工程建设项目造价数据标准(16836)	100.00
111			JTG 3820—2018	公路工程建设项目投资估算编制办法(14362)	60.00
112		造价	JTG/T 3821—2018	公路工程估算指标(14363)	120.00
113			JTG 3830—2018	公路工程建设项目概算预算编制办法(14364)	60.00
114			JTG/T 3831—2018	公路工程概算定额(14365)	270.00
115			JTG/T 3832—2018	公路工程预算定额(14366)	300.00
116			JTG/T 3833—2018	公路工程机械台班费用定额(14367)	50.00
117			JTG H10—2009	公路养护技术规范(08071)	60.00
118			JTG 5120—2021	公路桥涵养护规范(17160)	60.00
119			JTG/T 5122—2021	公路缆索结构体系桥梁养护技术规范(17764)	60.00
120			JTG H12—2015	公路隧道养护技术规范(12062)	60.00
121		综合	JTJ 073.1—2001	公路水泥混凝土路面养护技术规范(13658)	20.00
122			JTG 5142—2019	公路沥青路面养护技术规范(15612)	60.00
123			JTG/T 5142-01—2021	公路沥青路面预防养护技术规范(17578)	50.00
124			JTG 5150—2020	公路路基养护技术规范(16596)	40.00
125			JTG/T 5190—2019	农村公路养护技术规范(15430)	30.00
126			JTG 5210—2018	公路技术状况评定标准(15202)	40.00
127		检测	JTG/T E61—2014	公路路面技术状况自动化检测规程(11830)	25.00
128		评价	JTG/T H21—2011	公路桥梁技术状况评定标准(09324)	46.00
129	养护		JTG/T J21—2011	公路桥梁承载能力检测评定规程(09480)	20.00
130			JTG/T J21-01—2015	公路桥梁荷载试验规程(12751)	40.00
131			JTG 5220—2020	公路养护工程质量检验评定标准 第一册 土建工程(16795)	80.00
132		养护	JTG 5421—2018	公路沥青路面养护设计规范(15201)	40.00
133		设计	JTG/T J22—2008	公路桥梁加固设计规范(07380)	52.00
134			JTG/T 5440—2018	公路隧道加固技术规范(15402)	70.00
135			JTG/T F31—2014	公路水泥混凝土路面再生利用技术细则(11360)	30.00
136		养护	JTG/T 5521—2019	公路沥青路面再生技术规范(15839)	60.00
137		施工	JTG/T J23—2008	公路桥梁加固施工技术规范(07378)	40.00
138			JTG H30—2015	公路养护安全作业规程(12234)	90.00
139			JTG 5610—2020	公路养护预算编制导则(16733)	50.00
140		造价	JTG/T M72-01—2017	公路隧道养护工程预算定额(14189)	60.00
141			JTG/T 5612—2020	公路桥梁养护工程预算定额(16855)	50.00
142			JTG/T 5640—2020	农村公路养护预算编制办法(16302)	70.00
143	运营	收费服务	JTG/T 6303.1—2017	收费公路移动支付技术规范 第一册 停车移动支付(14380)	20.00
144			JTG B10-01—2014	公路电子不停车收费联网运营和服务规范(11566)	30.00

注:JTG——公路工程行业标准;JTG/T——公路工程行业推荐性标准。销售电话:010-85285659;业务咨询电话:010-85285922/30。